COLLEC
C
B

# QUESTION D'ÉTIQUETTE

## Robert Escarpit

HACHETTE

Dans la même collection :

- *Papillons de nuit*, Delacorta.
- *La voix sans visage*, M. Villard.
- *Enquêtes en Espagne*.
- *Malgré les apparences*, D. Gardien.
- *Jus d'oronge*, J. de Porla.
- *Meurtre dans le pignadar*, R. Escarpit.
- *La ronde caraïbe*, R. Escarpit.

Couverture : maquette de G. Amalric.
Photo : Alain Vivier/Scope

ISBN 2.01.012643.2
© HACHETTE 1987 79, boulevard Saint-Germain - F 75006 PARIS

# I

# Un numéro de téléphone

Le 17 décembre 1985, un cadavre fut découvert flottant dans le bassin à flot n° 2 des docks de Bacalan dans le port de Bordeaux. L'homme avait été tué d'une balle dans la tête. L'inspecteur Lemaire qui se chargea des premières constatations, ne découvrit sur lui qu'un pistolet de petit calibre et un morceau de papier sur lequel étaient griffonnés des chiffres : 96 75-79. Ce morceau de papier était la moitié d'une étiquette de bouteille de vin déchirée dans le sens de la largeur. Le nom du château qui figurait au recto était coupé par moitié. On pouvait lire : CHATEAU VIRE..., POM..., 19...

Transporté à l'Institut médico-légal, le cadavre

fut rapidement identifié. C'était celui d'un petit truand[1] du nom de Théo Ducasse, surnommé Mustang, plusieurs fois condamné pour faux et usage de faux, escroquerie, abus de confiance et quelques menus larcins[2].

Quand le rapport de Lemaire arriva sur le bureau du commissaire central Jean Janin[3], le seul indice[4] permettant d'espérer trouver une piste était la mystérieuse inscription au dos de l'étiquette. Janin convoqua Lemaire.

« Qu'est-ce que c'est que ce 96 75-79 ? demanda Janin.

— Je n'ai pas cherché à savoir, M. le Commissaire. Mustang avait beaucoup d'ennemis et de rivaux dans le milieu bordelais[5]. C'est sans doute un règlement de comptes. Je pense qu'on pourrait classer l'affaire. »

Janin se carra dans son fauteuil et passa une main dans ses cheveux argentés.

1. **Petit truand** : petit bandit. Voleur qui appartient au « milieu », c'est-à-dire à un groupe d'individus installés dans une grande ville et qui vivent de la prostitution, du vol : à Marseille, le milieu marseillais ; à Bordeaux, le milieu bordelais.
2. **Menus larcins** : vols de petite importance.
3. Le commissaire Jean Janin : voir *Meurtre dans le pignadar* et *La Ronde Caraïbe,* du même auteur.
4. **Indice** : signe, preuve permettant de retrouver l'auteur d'un vol, d'un crime.
5. **Milieu bordelais** : cf. note 1.

« Mon jeune ami, dit-il, je prends ma retraite au premier janvier et j'aurai alors trente-sept ans de service dans la police. Je n'ai jamais classé une affaire avant d'être allé au fond des choses. Votre travail ne sera terminé que lorsque vous pourrez me dire à quoi correspond ce chiffre.

— On dirait un numéro de téléphone.

— Alors, utilisez le Télétel! »

Quand Lemaire fut parti, Janin considéra l'étiquette. Il n'avait pas besoin du jeune inspecteur pour déchiffrer l'inscription imprimée au recto. Il s'agissait évidemment du Château Viredieu, un des crus* les plus réputés et les plus chers de Pomerol*. Il tendit la main vers le téléphone et composa le numéro de son domicile. Ce fut sa femme Annie qui lui répondit.

« Dis-moi, demanda-t-il, te souviens-tu quand nous avons bu du Viredieu pour la dernière fois ?

— Tu ne te rappelles pas ? C'est chez Bruno. Il nous l'avait servi sur un salmis de palombes. Qu'est-ce qui se passe ? Tu penses à te reconvertir en négociant en vins après ta retraite ?

— Ce ne serait pas une mauvaise idée. Merci, ma chérie. »

---

1. **Télétel :** système français de vidéotex. Permet le dialogue à distance, en utilisant le téléphone avec un ordinateur.

\* Les mots marqués d'un astérisque se rapportent tous au domaine du vin et sont expliqués dans le glossaire p. 61.

Janin sourit en pensant à Bruno, le curé de Saint-Sulpice-de-Faleyrens. Bien qu'il fût beaucoup plus jeune que Janin, Bruno était un de ses plus proches amis. L'un était un mécréant invétéré[1] et l'autre avait une horreur profonde de la police, mais ils avaient un amour commun de la chasse, de la bonne chère et du vin vieux. Il décida de s'inviter avec Annie un jour prochain au presbytère[2] de Saint-Sulpice.

Lemaire entra, très excité.

« Patron ! s'écria-t-il. Vous avez mis dans le mille[3] ! Le 96 75-79, c'est le numéro du service de surveillance industrielle du C.A.E.P.E. !

— Voudriez-vous être plus clair ? J'appartiens à une génération où l'on employait des mots plutôt que des initiales.

— C'est le Centre d'Achèvement et d'Essais des Propulseurs et Engins, les fusées, quoi ! »

Janin haussa les sourcils.

« Les fusées ? C'est une affaire de défense nationale, ça ! Lemaire, voulez-vous m'appeler Samazeuilh ? »

Samazeuilh, d'une quinzaine d'années plus jeune

---

1. **Mécréant invétéré** : personne qui ne croit pas en Dieu, qui n'a pas de religion et qui, en vieillissant, est de plus en plus sûre que Dieu n'existe pas.
2. **Presbytère** : désigne la maison d'un prêtre. Cure.
3. **Mettre dans le mille** : trouver, gagner.

que Janin, était commissaire principal à la D.S.T., c'est-à-dire au service chargé de la défense et de la sécurité du territoire. Chauve et empâté, il paraissait plus âgé que le commissaire central qui avait gardé toute la sveltesse de sa jeunesse. Quand il arriva dans le bureau de Janin, il était de mauvaise humeur.

« Qu'est-ce que c'est que cette histoire de numéro de téléphone sur une étiquette de vin que Lemaire m'a racontée ? Des histoires comme ça, il y en a treize à la douzaine au C.A.E.P.E. !

— Peut-être, mais à ta place, j'enverrais perquisitionner chez Ducasse.

— Pourquoi moi ? La brigade criminelle n'a plus d'inspecteurs ?

— Si, mais quand l'affaire touche à la défense nationale, j'aime mieux que vous soyez là. Écoute, le domicile de Ducasse est 7, rue des Lichens à Pessac. C'est à deux pas de chez moi. Tu viens prendre un verre à la maison et, en passant, on s'y arrête. D'accord ?

— Un verre ? Tu as encore de ce whisky single malt douze ans d'âge ?

— Le Craigellachie ? J'en ai encore.

— Alors d'accord, on y va. Ça va être l'heure de l'apéritif. »

Au 7 de l'avenue des Lichens, ils découvrirent une petite maison basse comme il en existe par milliers dans la banlieue de Bordeaux. Au-dessus de

la porte, il y avait une inscription : CAVE. VINS
ET SPIRITUEUX.

« C'était la couverture[1] de Mustang, dit Janin.
Quelquefois, il se disait négociant en vins, mais
c'était un tout petit commerce qui cachait bien autre
chose. »

La porte en bois céda facilement sous la pous-
sée et les deux hommes se trouvèrent dans un petit
chai* qui sentait le vin. Sur un côté, deux barriques de plastique rouge étaient étiquetées l'une 11°,
l'autre 12°. Samazeuilh dévissa le bouchon de la
seconde et renifla.

« Du Corbières*, dit-il avec mépris. Il devait
vendre ça comme vin du pays*. »

L'autre côté du chai était occupé par des étagè-
res sur lesquelles étaient entassés des cartons de
bouteilles. Janin examina les étiquettes.

« Ce sont de petits crus, pas mauvais, mais rien
d'extraordinaire. La clientèle de Mustang devait être
modeste. En tout cas, je ne vois pas de Viredieu.
— Il est hors de prix, dit Samazeuilh. Les gens de
ce quartier n'ont pas les moyens, toi y compris.
— On trouve aussi bon à moins cher, répondit
Janin qui avait commencé à explorer les tiroirs du

---

1. **Couverture :** situation qui permet de se protéger. Le commerce
en vins de Mustang était sa couverture pour cacher ses activités de
truand.

petit bureau placé au fond de la pièce. Il n'y avait
là que de vieilles factures et un petit carnet écorné
qui contenait des noms. Janin l'empocha.

« On y trouvera peut-être quelque chose. »

Le reste de la maison ne livra rien qu'un gros
Colt Magnum accompagné d'une dizaine de char-
geurs. Ce n'était pas une découverte très surpre-
nante chez un truand.

Chez Janin, sa femme Annie, cheveux gris et
visage fin, servait à manger à un grand garçon
barbu dont l'appétit paraissait sans limite. Il se leva
et vint embrasser Janin.

« Bonjour, papi[1], dit-il. Je me dépêche de manger parce que j'ai cours de biochimie à quatorze
heures.

— C'est votre petit-fils ? demanda Samazeuilh. Je
ne l'aurais pas reconnu. Il a grandi !

— Eh oui ! dit Annie, c'est le petit Bichou, le fils
de Biquette[2]. Il a dix-neuf ans. Vous restez à
déjeuner, Samazeuilh ? J'ai une omelette aux cèpes.

— Aux cèpes ? Si vous me prenez par mon fai-
ble !... D'accord Annie, mais ne mettez pas les petits
plats dans les grands[3]. »

---

1. **Papi :** grand-père. Terme familier.
2. **Biquette :** fille de Janin et d'Annie. Voir *la Ronde Caraïbe.*
3. **Mettres les petits plats dans les grands :** servir un repas très fin,
cérémonieux pour impressionner ses invités. Contraire : recevoir à
la fortune du pot.

Quelques instants plus tard, Samazeuilh dégustait son Craigellachie en feuilletant le carnet de Mustang.

«Des commandes, sans doute... Je ne vois rien de bien intéressant... Pourtant, attends !... Qu'est-ce que tu lis ici ?

— Gui... Guillou, déchiffra Janin. Tu connais ?

— Tu parles si je connais ! Laurent Guillou est ingénieur au C.A.E.P.E. C'est lui qui est chargé du projet Minerve.

— Qu'est-ce que c'est ?

— Top secret. Même moi, je ne sais pas exactement de quoi il s'agit. Quelque chose à voir avec la guerre des étoiles.

— Il doit y avoir une bonne douzaine de Guillou à Bordeaux, sans parler de la banlieue.

— Oui, mais avec le numéro du C.A.E.P.E. derrière cette étiquette, ça change tout. Tu permets que je téléphone ? »

Pendant que Samazeuilh appelait son service, Janin alla rejoindre Annie à la cuisine et lui raconta les événements de la matinée. Il lui montra la moitié de l'étiquette et l'inscription qui était au dos.

« Pourquoi, demanda Annie, le 96 est-il nettement séparé des deux autres chiffres et pourquoi y a-t-il un trait d'union entre 75 et 79 ?

— On voit bien l'ancienne institutrice ! répondit Janin en riant. Mustang ne devait pas être un premier prix d'orthographe. Il a griffonné ça un peu n'importe comment. »

Pendant le repas, le téléphone sonna pour Samazeuilh. Il vint se rasseoir l'air préoccupé.

« Du nouveau ? demanda Janin.

— On dirait... Tu sais peut-être, bien que ce ne soit pas très légal, que nous faisons surveiller les comptes bancaires des personnes qui occupent des postes sensibles. Au cours des derniers mois, Laurent Guillou a établi cinq chèques au nom de Théo Ducasse.

— De gros chèques ?

— Non, justement, c'est ce qui est curieux : entre mille et mille cinq cents francs. Ce ne sont pas les tarifs de l'espionnage ou du grand trafic international.

— Ce qui m'étonne, dit Annie, c'est que ce soit Guillou qui ait versé de l'argent à votre bonhomme. C'est lui qui avait quelque chose à vendre. On s'attendrait plutôt au contraire.

— Exactement, dit Samazeuilh. On penserait plutôt à du petit chantage[1]. Ce serait assez à la mesure de Mustang.

— Tu penses, demanda Janin, que Mustang faisait chanter[1] Guillou et que ce dernier l'a

1. **Faire du chantage / faire chanter quelqu'un** : menacer de faire des révélations sur une personne dans le but d'obtenir de l'argent ou de lui faire accepter quelque chose qu'il, ou elle, refuse.

supprimé pour se débarrasser de lui ?

— C'est une hypothèse. J'ai convoqué Guillou cet après-midi. J'aimerais que tu assistes à l'interrogatoire. »

# II

## Quand le vin est tiré[1]

Laurent Guillou était un petit bonhomme replet dont le regard effaré derrière d'épaisses lunettes s'emplissait d'effroi à l'idée de comparaître devant deux commissaires.

« Qu'est-ce que j'ai fait ? gémissait-il. Vous savez que le seul fait d'avoir été convoqué par la D.S.T.

---

1. **Quand le vin est tiré...** : C'est le début d'un proverbe français dont la fin est :... « il faut le boire » ; il signifie qu'il faut supporter la conséquence de ses actes.

peut me coûter mon habilitation au secret défense nationale[1] et donc mon emploi. Les militaires ne plaisantent pas !

— Si vous n'avez rien à vous reprocher, vous n'avez rien à craindre, M. Guillou, dit Samazeuilh. Vous pourrez repartir blanc comme neige quand vous nous aurez expliqué ce que signifient les sommes que vous avez périodiquement versées à Théo Ducasse.

— Théo Ducasse ? Je ne connais pas !

— Peut-être l'appeliez-vous de son surnom de Mustang ?

— Mustang ? Ce n'est pas une sorte de cheval... ou de voiture américaine ? »

Samazeuilh se leva et lui mit une photocopie sous le nez.

« Ce n'est pas votre signature ? Vous ne connaissez pas Théo Ducasse, mais le 10 octobre, vous avez établi un chèque de mille cinq cents francs à son nom ! Curieux, n'est-ce pas ? »

Guillou regarda le chèque d'un air ahuri, puis soudain son regard s'éclaira.

« Oh, ça ? dit-il. Je me souviens maintenant. Ducasse, c'est le nom du caviste de Pessac qui me fournit mon vin de table, du vin du pays.

— S'il s'agit de 12°, il vous volait : ce n'est pas du

---

1. **Mon habilitation au secret défense nationale :** cette affaire peut faire perdre à L. Guillou son accès aux secrets militaires de la défense française.

vin du pays, mais du Corbières. Je suppose que vous avez les factures de ces livraisons ? »

Guillou rougit et se passa la langue sur les lèvres.

« Euh... c'est-à-dire, M. le Commissaire, M. Ducasse avait la gentillesse de me livrer ce vin à un prix d'ami...

— Sans payer les taxes et sans facture, n'est-ce pas ?

— Eh bien oui. M. le Commissaire, je l'avoue.

— Ce qui fait que vous n'avez aucune justification pour les sommes que vous lui versiez.

— J'ai des bouteilles vides avec l'étiquette de sa cave.

— Je crains que ce ne soit insuffisant comme preuve. C'est bien, M. Guillou, vous pouvez retourner à votre travail, mais je vous demanderai de ne pas quitter la ville.

— De quoi suis-je suspect ?

— D'un meurtre, cher monsieur. Théo Ducasse a été assassiné la nuit dernière.

— Un meurtre ? Mais je suis parfaitement incapable...

— C'est possible, M. Guillou, mais si vous n'aviez pas eu la malencontreuse idée de frauder le fisc[1] pour faire une malheureuse économie d'un ou deux

---

1. **Frauder le fisc :** ne pas déclarer tous ses revenus à l'administration chargée de percevoir les impôts. Faire de fausses déclarations pour payer moins d'impôts.

francs par bouteille, vous ne vous seriez pas exposé
à de pareils soupçons. »

Comme Guillou, tête basse, allait quitter la pièce,
Samazeuilh le rappela.

« Ah, dites-moi, M. Guillou, Théo Ducasse vous
a-t-il quelquefois téléphoné à votre bureau ?

— Non, jamais.

— Le numéro est bien 96 75-79 ?

— Oui, en effet, mais il est sur la liste rouge. Personne ne le connaît. »

Quand Guillou fut parti, Janin et Samazeuilh
se regardèrent.

« Qu'est-ce que tu en penses ? dit le premier.

— Peuh... il m'a l'air assez inoffensif, mais c'est justement le genre d'ahuri qui est une proie toute dési-
gnée pour les espions.

— Mais, comme disait Annie, dans ce cas, c'est lui
qui aurait reçu l'argent. Il ne l'aurait pas donné et
pas sous forme de chèques en tout cas.

— Il y a l'hypothèse du chantage. Je vais faire passer la vie du dénommé Mustang au peigne fin. De
ton côté, tu pourrais alerter les Indirectes[1] pour
savoir qui lui fournissait son pseudo-Bordeaux[2]
qu'il vendait à ses clients.

---

1. **Les Indirectes :** administration qui s'occupe des impôts sur la consommation, par opposition aux impôts directs.
2. **Pseudo-Bordeaux :** Ducasse (ou Mustang) vendait du vin de Corbières pour du Bordeaux.

— Tu crois que c'est un d'entre eux qui l'a tué pour se venger de ses brûlures d'estomac ?

— Non, mais il ne faut rien négliger. »

Dans la soirée, Lemaire vint rendre compte à Janin de l'avancement de l'enquête. D'après le rapport du médecin légiste, Mustang avait été tué de deux balles de petit calibre, une dans la tête et l'autre au cœur. On connaissait un peu mieux ses habitudes. Il avait une quinzaine de clients attitrés à la cave de Pessac, mais il y était rarement. Par contre, il fréquentait assidûment les petits bistrots du port et avait de fréquents contacts avec des marins étrangers de passage, en général des capitaines de cargos à destination de l'Angleterre ou l'Amérique. D'autre part, l'examen de son compte bancaire faisait apparaître d'assez gros encaissements en liquide[1].

« Au total, précisa Lemaire, dans les cinquante mille francs au cours des six derniers mois.

— Aucune idée sur l'origine de ces sommes ?

— Aucune. Par contre, Ducasse a payé plusieurs chèques de mille cinq cents francs à un dénommé Pédoy. C'est un petit imprimeur de Talence. Je suis allé le voir.Il a dit que c'était pour des dépliants

---

1. **Payer en liquide :** payer avec de l'argent et non pas avec des chèques.

de publicité et des tarifs, mais, entre nous, il n'a pas l'air très franc du collier[1].
— C'est l'ordre de grandeur des sommes qu'il a reçues de Guillou, en somme ?
— A peu près, patron.
— C'est tout ?
— Oui, sauf... J'ai appris par hasard que Ducasse est allé plusieurs fois chez Lionel Brawson, le négociant en vins des Chartrons*.
— Ça n'a rien d'extraordinaire, vu son commerce. »
Comme Lemaire allait sortir, il s'arrêta près de la porte.
« Il y a une chose que je voulais vous dire, patron. Chaque fois que je fouine dans la vie de Ducasse, je découvre qu'un inspecteur de la D.S.T. est passé avant moi. C'est désagréable.
— C'est désagréable, mais inévitable, Lemaire. Cette affaire a deux aspects : le meurtre et peut-être l'espionnage. L'un est notre boulot, l'autre celui de la D.S.T. N'allez pas me déclencher une guerre des polices, surtout ! »
Quelques instants plus tard, la réponse des Indirectes à la demande de renseignements de Janin arriva. Elle confirmait ce qu'il avait supposé : Brawson était bien le principal fournisseur en vins de Ducasse. Il téléphona à Samazeuilh.

---

1. **Ne pas avoir l'air très franc du collier** : ne pas avoir l'air très honnête.

Le chef de la D.S.T. n'avait pas non plus beaucoup progressé dans son enquête. Janin lui fit part des maigres découvertes de Lemaire. Le nom de Brawson le fit réagir.

« Le vieux Brawson, dis-tu ? Ce n'est pas inintéressant. Il est fiché chez nous. Toi qui as fait de la Résistance[1], tu dois te souvenir de Périclès, cet agent anglais qui est venu dans la région en 1944 pour s'occuper des parachutages ?

— Bien sûr, mais je ne l'ai jamais vu.

— C'était Brawson. Après la guerre, il s'est établi à Bordeaux où il avait de la famille. Nous savions que c'était un agent de l'Intelligence Service, mais il n'est plus en activité depuis dix ans. Nous nous sommes souvent demandé s'il avait été vidé[2] par les Anglais, s'il était passé de l'autre côté ou s'il avait simplement pris sa retraite.

— Tu veux qu'on le convoque ?

— Il vaut mieux que tu le voies seul. Tu as un bon prétexte avec le meurtre de Mustang et leurs relations d'affaires. Si j'étais là, il se méfierait. »

1. **La Résistance** : durant la deuxième guerre mondiale, nom donné aux organisations qui, dans de nombreux pays d'Europe, s'opposaient (résistaient) à l'occupation de leur pays par l'Allemagne. En France, les deux groupes principaux ont été les F.F.I. et les F.T.P. (Francs-tireurs et partisans) composés surtout de communistes. Par leur action, ces résistants ont permis la libération du territoire français en 1944.
2. **Vidé** : renvoyé.

Janin reçut le négociant dès le lendemain matin. Lionel Brawson était un grand bonhomme mince, à la moustache blanche en brosse. Bien qu'ayant largement passé les soixante-dix ans, il avait l'air d'en avoir moins de soixante. Avec cet air à la fois courtois et hautain qui est dans la manière des bourgeois des Chartrons, il considéra Janin de ses yeux bleus.

« Que puis-je pour vous, Commissaire ? demanda-t-il d'une voix agréable à peinte teintée d'accent bordelais.

— Il s'agit d'une simple enquête de routine au sujet du meurtre d'un de vos clients, Théo Ducasse.

— Théo Ducasse ?... Voyons voir... Je ne devais pas faire de bien grosses affaires avec lui, sans quoi je me souviendrais. La plus grande partie de notre négoce se fait à l'exportation, vers l'Angleterre et les États-Unis.

— C'était un petit caviste de Pessac.

— Ah ! j'y suis !... oui. Un drôle de bonhomme, entre nous. Je lui fournissais du vin de table et quelques crus mineurs.

— Un de mes collègues, dit Janin, prétend que votre vin du pays est du Corbières. »

Le négociant eut un petit rire dégagé.

« Une certaine proportion de coupage est toujours autorisée, M. le Commissaire, mais je me fais un devoir de n'utiliser que des vins français. Et d'autre part, je me permets de vous faire remarquer que je vends ce vin comme vin *de* pays* et non comme vin *du* pays*. Il y a une nuance.

— En somme, cela pourrait être n'importe quel pays ?

— Je ne vous le fais pas dire ! »

Ils rirent tous deux, puis Janin se pencha en avant.

« Je ne vous ai jamais rencontré, M. Brawson, mais je vous ai connu, il y a bien longtemps, quand vous portiez le nom de Périclès.

— Tiens ! C'est de l'histoire ancienne.

— J'appartenais au bataillon Soulé et c'est vous qui organisiez nos parachutages.

— Exact. J'étais un des responsables du Special Operations Executive.

— Vous n'avez pas conservé de relations avec les milieux du... du renseignement ? »

Brawson eut un petit rire.

« Voyons, M. le Commissaire, jouons franc jeu. Vous voulez savoir si je travaille toujours pour l'Intelligence Service ? Eh bien non. J'ai pris ma retraite il y a plus de dix ans. Je vais être tout à fait honnête avec vous. Mes chefs m'ont soupçonné d'être mêlé à une affaire de trafic louche et j'ai préféré prendre la porte que m'abaisser à me défendre.

— Quel genre de trafic ?

— Mais les vins, M. le Commissaire ! C'est ma partie ! On avait monté de toutes pièces une histoire

de vins frelatés[1] afin de ruiner les importations
françaises. La Communauté Européenne, c'est quelquefois la petite guerre, vous savez ! Mais pourquoi vous intéressez-vous à mes activités passées,
M. le Commissaire ?
— Vous auriez peut-être pu me donner une indication. Nous avons de bonnes raisons de penser
que Théo Ducasse n'était pas étranger à certaines
organisations de renseignements. »

Les yeux bleus de Brawson se figèrent soudain,
d'abord surpris, puis durs. Cela ne dura qu'un ins-
tant et il se remit à sourire.

« Le petit Ducasse un espion ? Il n'en avait pas
l'étoffe... Mais maintenant que vous m'y faites penser, je me demande s'il n'avait pas une autre activité que la petite fraude sur les vins et l'escroquerie
mineure. Je sais qu'il fréquentait beaucoup les
milieux de la navigation. Il y a là des boîtes aux
lettres idéales pour un agent de renseignements.
— Vous avez des précisions ?
— Pas vraiment, mais il y a un fait que je puis vous
citer. Quand le navire soviétique *Orlov* a touché
Bordeaux l'année dernière, il est allé à bord plusieurs fois, invité par le capitaine et ce n'était pas
pour mon compte. »

Brawson parti, Janin téléphona à Samazeuilh.

---

1. **Vins frelatés :** vin dans lequel on a ajouté d'autres produits.

« Je n'étais pas au courant pour l'*Orlov*, dit ce dernier, mais j'ai fait repérer les deux navires des pays de l'Est qui sont à quai en ce moment. Il y a en deux : un bulgare et l'autre polonais. D'autre part, il semble que Guillou ait passé ses vacances en Bulgarie il y a deux ans.

— Tout le monde peut aller passer des vacances à Varna : les agences offrent des séjours à des prix exceptionnels.

— Il n'empêche que je vais faire perquisitionner chez Guillou. Il reste mon suspect numéro un. »

Le lendemain, Janin envoya Lemaire assister à la perquisition chez Guillou avec les inspecteurs de Samazeuilh. Le butin fut maigre. Apparemment, l'achat de vin de table sans payer de taxes était la seule infraction aux lois que l'ingénieur se fût permise. La seule prise intéressante fut un petit pistolet de 6.35. D'après le rapport du médecin légiste, les balles qui avaient tué Mustang avaient traversé le corps et s'étaient perdues, mais elles étaient de petit calibre. Guillou possédait un permis de port d'armes en bonne et due forme. A tout hasard, Samazeuilh envoya le pistolet au laboratoire pour savoir s'il avait récemment servi.

On découvrit aussi quelques livres en bulgare et en russe, mais il s'avéra que la fille de Guillou était étudiante à l'institut d'études slaves de l'Université.

Pourtant Samazeuilh n'en démordait pas. Il avait

fait fouiller aussi loin que possible dans la vie de Guillou.

« A la fin des années 50, dit-il à Janin, Guillou a adhéré au Mouvement de la Paix qui était d'inspiration communiste.

— Et moi, répondit Janin, pendant la guerre, j'ai servi un certain temps chez les Francs-Tireurs Partisans[1] qui l'étaient aussi. Tu vas m'arrêter ? »

La semaine s'acheva sans que l'enquête eût avancé d'un pas. Le samedi, le rapport du laboratoire arriva. Il était formel : le pistolet de Guillou n'avait jamais tiré une balle.

1. **F.T.P.** : voir note n° 1, p. 19.

# III

## Millésimes*

Le samedi soir, Annie dit à Janin :

« Tu te souviens que demain nous déjeunons en famille chez Bruno ?

— Je me garderais de l'oublier. On mange trop bien chez lui ! »

Bruno était le fils d'un instituteur qui avait servi avec Janin dans la Résistance et qui avait été tué lors des combats de la Pointe de Grave. Après des études assez brillantes en œnologie*, il avait fini

par se faire prêtre. Son père, libre penseur et anticlérical enragé[1], avait dû se retourner dans sa
tombe, mais Bruno écartait ce remords en disant
qu'il était un curé non-conformiste. Avant de prendre la cure de Saint-Sulpice-de-Faleyens, en plein
dans le vignoble de Saint-Emilion, il avait servi
quinze ans dans une paroisse ouvrière de la banlieue bordelaise. Son évêque l'avait exilé à la campagne pour l'avoir surpris plusieurs fois à écouter
des confessions[2] et à donner l'absolution[2] par téléphone. Bruno ne s'en défendait pas.

« Notre Seigneur, disait-il, a voulu que notre culte
fût un acte de communication. Il ne refuse certainement pas la télécommunication ! »

Il ne se plaignait pas trop de son exil. Le presbytère était vaste et il avait pu y installer à loisir tout
un équipement d'informatique et de radio. D'autre
part, oenologue de formation, il se sentait parfaitement à l'aise parmi les vignerons de Saint-Emilion
et de Pomerol. Ses paroissiens[3] ne le laissaient

---

1. **Libre penseur et anticlérical :** personne qui croit plus en la raison qu'en Dieu. Sceptique face à toute religion. L'anticlérical est
opposé à l'influence des prêtres dans les affaires publiques et l'ensei-
gnement.
2. **Confession / absolution :** sacrement de l'Église catholique.
Avouer, dire ses fautes, ses péchés à un prêtre pour en recevoir le
pardon, l'absolution.
3. **Paroissiens :** les chrétiens qui font partie de la paroisse, de la communauté rattachée à une église : Ex. la paroisse de l'église Saint-
Pierre.

manquer de rien, emplissant somptueusement sa cave et son garde-manger.

Le matin du 22 décembre, il faisait un beau temps frisquet comme souvent dans le Bordelais jusqu'à la Noël. Vers onze heures, Biquette, accompagnée de son fils et de son mari, vint prendre ses parents à bord de sa Renault 11 rouge vif. De son vrai nom Mme Michèle Lesbats, Biquette ressemblait à sa mère en plus rond et plus court. Son fils Pierre, dit Bichou, la dominait d'une tête. Quant à son mari, Etienne Lesbats, c'était un grand gaillard d'une quarantaine d'années, maître-assistant de mathématiques à l'Université de Bordeaux I.

Comme ils traversaient, au-delà de Libourne, les vignes qui prenaient des tons de roux et d'or, Janin dit à sa fille :

« Biquette, nous avons un peu d'avance. Ça ne te ferait rien de faire un détour par Pomerol ? J'aimerais voir ce château Viredieu. »

Le château était une grande demeure de pierre assez laide sur une éminence d'où l'on dominait les quatre-vingts hectares du domaine. Les volets étaient clos et Biquette fit le tour de la maison pour atteindre les chais. Un homme en salopette bleue balayait l'entrée du hangar. Janin descendit et l'interpella :

« Le patron n'est pas là ?

— M. Jacques Lassalle ? Non, il en en voyage. Il rentre demain. Je suis Joseph Brieu, le maître de chai. Est-ce que je peux faire quelque chose pour vous ? »

Janin tendit sa carte.

« Je suis le commissaire central de Bordeaux. Voulez-vous demander à M. Lassalle de se mettre en contact avec moi dès qu'il rentrera ? »

L'autre fronça les sourcils.

« Il y a des ennuis ?

— Non, non, un simple renseignement à demander. D'ailleurs vous pouvez peut-être m'aider. »

Il tira de sa poche la demi-étiquette trouvée sur le corps de Mustang.

« C'est bien de chez vous, ça ? »

Brieu regarda le bout de papier.

« On dirait. Mais je ne m'occupe pas de l'étiquetage. C'est l'affaire du régisseur, M. Bernard. Il est à la chasse. »

Janin remit l'étiquette dans la poche.

« Ça ne fait rien. Le 85* sera bon ?

— Il sera exceptionnel, charpenté* et corsé*. Il a bénéficié de la longue période de sécheresse. Vous voulez goûter ? C'est encore du moût*, mais on peut déjà se rendre compte. »

Les Janin et les Lesbats humèrent et dégustèrent avec délices le liquide trouble et parfumé.

« Il promet, dit Janin. On pourra en commander en primeur* ?

— Nous ne le faisons guère, mais M. Lassalle fera peut-être une exception pour vous.

— J'imagine que ce ne sera guère donné ?

— Au moins cent francs la bouteille.

— Peste ! Pour un vin en primeur, c'est un prix ! J'imagine que vos grands millésimes doivent valoir leur pesant d'or !

— Nous n'en gardons guère. La plus grande partie de la récolte est écoulée par des négociants, mais pour un 79, il faut compter trois cents francs à la sortie du château, pour un 75, quatre cents francs et pour un 73, ça n'a pas de prix, peut-être six cents francs.

— Ce n'est pas dans les moyens d'un commissaire. Je me contenterai de crus bourgeois. »

Charcuterie du pays, sauce de lamproie, confit de porc aux cèpes, le repas de Bruno fut tout ce qu'on pouvait en attendre.

« Ce matin, dit le curé en allumant sa pipe, j'ai tiré trois palombes attardées avant la messe. Je vous les aurais bien servies, mais il faut qu'elles attendent quelques jours avant d'être à point. Revenez dimanche prochain ! »

Dans une douce somnolence, Janin considérait la table où une demi-douzaine de bouteilles vides s'alignaient.

« Tes vins sont extraordinaires, Bruno, dit-il, même si tu n'as pas de Viredieu.

— Que veux-tu ? Lassalle est protestant. Il m'a rarement fait des cadeaux et ce n'est pas avec les moyens d'un curé de campagne qu'on peut se payer du Viredieu.

— En tout cas, tes ouailles[1] ne se moquent pas de toi. Ils choisissent les grandes années !

— Je me permets de leur faire des suggestions. Ils connaissent mes goûts. En ce moment, les années à boire, c'est 75 et 79. Voilà : 75, 79, je ne sors pas de là !

— 75, 79, dit soudain Annie, ça ne te rappelle rien, Jean ?

— Ah si ! un bouquet* extraordinaire et un velouté* à damner un saint !

— Ce n'est pas ce que je veux dire. 75 79, ce sont les quatre derniers chiffres du numéro qui est inscrit derrière ton étiquette. »

Janin tira le papier de sa poche en riant.

« Pitié, chérie ! C'est le week-end ! Mes méninges ont besoin d'un peu de repos !

— Regarde, insista Annie, tu t'es moqué de moi quand je t'ai fait remarquer qu'il y avait un trait d'union entre le 75 et le 79. Ce n'est pas l'habitude pour les numéros de téléphone. Qui te dit que ce ne sont pas des millésimes ?

— Et le 96, alors ? » objecta Janin.

Etienne Lesbats hocha sa tête barbue.

« 96, dit-il, est un multiple de 12. 8 fois 12, 96.

---

1. **Ouailles :** paroissiens.

— Je n'ai pas besoin d'être docteur en mathématiques pour savoir ça, dit Janin. Qu'est-ce que ça m'apprend ? »

Bichou qui mangeait de bon appétit une troisième portion d'œufs au lait, s'interrompit pour regarder son grand-père avec pitié.

« Tu es un peu lent, papi, dit-il. Il y a des choses qui se vendent par douzaines : les bouteilles de vin ou les caisses de bouteilles, par exemple. 96, ça peut vouloir dire 96 bouteilles ou 96 caisses de vin de 75 ou de 79. »

Songeur, Janin retourna l'étiquette.

« 96 caisses de Viredieu, années 1975 et 1979, ça représente un capital, ça. »

Bruno ralluma sa pipe.

« En supposant que c'est moitié-moitié, ça fait quatre cent mille francs à la sortie du château, quarante millions de centimes[1]. Et à la revente, ça fait plus du double, peut-être le triple.

— C'est un joli magot[1]. Assez important pour expliquer un meurtre... Il faut que je parle avec ce Jacques Lassalle ! »

C'est lundi après-midi seulement que le propriétaire du château Viredieu se présenta à l'Hôtel de Police.

---

1. **40 millions de centimes :** pour les grosses sommes, les Français ont gardé l'habitude de parler en anciens francs ; 10 000 francs ou 1 million de centimes.
1. **Joli magot :** belle somme d'argent.

« Brieu m'a dit que vous étiez passé au château et que vous désiriez me voir, M. le Commissaire central. »

Lassalle était un homme brun, dans la force de l'âge, avec un regard aigu de Gascon.

« M. Lassalle, demanda Janin, avez-vous récemment vendu des lots importants de votre 75 et de votre 79 ?

— Non, il y a longtemps que la plus grande partie des stocks de ces années-là est partie chez les négociants. Nous ne gardons que deux ou trois cents bouteilles pour notre consommation, pour des cadeaux ou pour satisfaire des visiteurs éventuels.

— Il s'agirait d'une expédition de plus de mille bouteilles.

— Elle ne peut émaner que d'un de nos mandataires[1] de Bordeaux. Qu'est-ce qui vous fait supposer que nous avons fait une telle expédition ? »

Janin lui tendit la demi-étiquette.

« Ceci est bien une étiquette de votre château, n'est-ce pas ? »

Lassalle examina le papier les yeux froncés, puis s'écria :

« Mais c'est un faux !

— Un faux ?

1. **Mandataire** : intermédiaire, dans la vente, entre le producteur et les acheteurs.

— Bien sûr ! Traditionnellement, notre étiquette est imprimée en caractères Grasset qui ont été inventés par l'imprimeur Peignot en 1898. C'était un ami de mon arrière-grand-père et j'ai conservé la tradition. Or cette étiquette est imprimée avec un vulgaire caractère offset qui n'a aucun style. »

Visiblement, il était outré de voir le nom de son château profané par une telle vulgarité.

« J'ajoute, dit-il, qu'on devrait voir, ici en bas à gauche, le début de l'inscription rouge obligatoire sur toutes les bouteilles authentiques « Mis en bouteille au château. »

— Vous ne connaissez aucun autre château du Pomerol dont le nom commence par Vire ?

— Ma foi non, mais les négociants et même certains propriétaires inventent des appellations de fantaisie pour écouler leurs produits de deuxième qualité. Vous devriez vous renseigner auprès du Comité Interprofessionnel des Vins de Bordeaux. »

A peine Lassalle était-il sorti que le téléphone sonna. C'était Bruno.

« Tu sais, dit-il, il m'est venu une idée. Le numéro au crayon dont nous avons parlé était bien inscrit au dos de l'étiquette ?

— Oui.

— Et il était bien lisible, ce qui veut dire que le papier était en parfait état.

— En effet.

— Ce n'est donc pas une étiquette qui a été

décollée d'une bouteille, mais une étiquette neuve qui a été utilisée avant d'être collée.

— Oui, et alors ?

— Tu pourrais peut-être te demander comment il se fait que ton bonhomme ait eu en poche une étiquette neuve, alors que tout le Viredieu est étiqueté au château.

— Bon Dieu ! Je n'y avais pas pensé !

— Je suis heureux de t'entendre évoquer Notre-Seigneur à cette occasion. »

Dès qu'il eut raccroché, Janin fit appeler Lemaire.

« Vous allez immédiatement aller chez Ducasse à Pessac et me passer tout le chai et toute la maison au crible. Emmenez avec vous un spécialiste de la mise en bouteille. Si vous trouvez des étiquettes non collées, portez-les-moi. Et faites convoquer cet imprimeur, comment m'avez-vous dit qu'il s'appelait ?

— Pédoy.

— Je le veux ici avant une heure ! »

# IV

# Étiquetage

Pédoy était un grand garçon à l'air sombre et aux cheveux en broussaille. Janin s'était fait apporter son dossier avant son arrivée. Il semblait avoir eu des liens avec une organisation terroriste quelques années plus tôt, mais il n'avait pas été inquiété. Plus récemment, on avait trouvé chez lui des tracts de l'E.T.A.[1], l'organisation clandestine basque, mais

---

1. **E.T.A.** : mouvement d'opposition des Basques, créé en 1959. Signifie « Le Pays basque et sa liberté ». Réclame l'autonomie du Pays basque et l'instauration d'un socialisme révolutionnaire. L'E.T.A. militaire est à l'origine de nombreux attentats.

ils ne contenaient rien de répréhensible et on ne pouvait guère reprocher à Pédoy de les avoir imprimés.

Samazeuilh, consulté par téléphone, avait donné sur lui des renseignements mi-figue, mi-raisin[1].

« Il n'est soupçonné de rien, mais il est fiché. S'il y a une filière d'espionnage, rien ne prouve qu'il y soit mêlé, mais rien n'empêche qu'il en fasse partie.

— Tu suis toujours la piste Guillou ?

— C'est mon boulot. Tant que je n'aurai pas expliqué ce numéro de téléphone, je ne lâcherai pas le morceau. »

Janin lui raconta alors les découvertes qu'ils avaient faites sur le fameux numéro et sur l'hypothèse lancée par Annie.

« C'est possible, reconnut Samazeuilh, mais avoue que la coïncidence est étonnante. Quand toi, tu auras expliqué à ta manière ce 96 75-79, je me laisserai peut-être convaincre.

— Je travaille sur l'étiquette.

— Il serait plus agréable de travailler sur le contenu de la bouteille. Bonne chance tout de même ! »

Le regard fermé, Pédoy considérait Janin sans mot dire. Le commissaire lui tendit l'étiquette.

---

1. **Mi-figue mi-raisin** : les renseignements donnés n'étaient ni tout à fait bons, ni tout à fait mauvais.

« Ceci a été imprimé chez vous, n'est-ce pas ? »

L'autre jeta un rapide coup d'œil et, une fraction de seconde, il eut l'air surpris.

« Comment voulez-vous que je me souvienne ? Il passe tant de choses par l'imprimerie !

— Pédoy, dit Janin, ne me prenez pas pour un imbécile. Je sais parfaitement qu'en photocomposition, on peut identifier la machine qui a servi aussi sûrement que la frappe d'une machine à écrire. Voulez-vous que je fasse expertiser votre matériel ?

— Bon d'accord, c'est une étiquette de vin qui a dû être imprimée chez moi. Et alors ?

— Pour le compte de qui a-t-elle été imprimée ?

— Si vous croyez que j'ai ça dans la tête !

— Des clients pour des étiquettes de vin, il ne doit pas y en avoir des masses. Mustang vous faisait travailler, n'est-ce pas ?

— Mustang ?

— Théo Ducasse, si vous préférez.

— Votre inspecteur m'a déjà posé la question. Oui, j'ai travaillé pour lui.

— Et il vous faisait imprimer des étiquettes de vin ?

— Quelquefois oui, probablement.

— Vous rappelez-vous quel genre d'étiquettes ?

— Je ne me souviens pas.

— La loi vous oblige pourtant à conserver des exemplaires justificatifs de tout ce que vous

imprimez. Voulez-vous que je fasse perquisitionner dans votre atelier ? »

L'autre haussa les épaules.

« Bon, maugréa-t-il, si ça peut vous faire
plaisir... »

Il tira un carnet de sa poche et le feuilleta.

« Mustang m'a fait faire un peu de tout. Château Viredieu, oui, c'est d'accord. Ça date du mois
dernier. Avant, il y a eu des étiquettes de Pavie, de
Mission Haut-Brion, de Mouton-Rotschild...
— Peste ! Uniquement de très grands crus. Vous
deviez pourtant savoir que ces châteaux font imprimer eux-mêmes leurs étiquettes par des spécialistes et vous douter qu'il s'agissait de fraude.
— Je ne me préoccupe pas de savoir ce que les
clients font du matériel que je leur livre. »

Janin gardait les yeux fixés sur le visage sombre
de l'imprimeur.

« Pédoy, dit-il, tout à l'heure, quand je vous ai
montré l'étiquette, vous avez eu l'air surpris.
Pourquoi ?
— Je ne me souviens pas.
— Vous vous attendiez à autre chose ?
— Non... non... »

La protestation était molle. Janin insista.

« Avouez que lorsque je vous ai convoqué, vous
ne vous attendiez pas à ce que je vous parle d'une
affaire de vins.

— Franchement, c'est plutôt avec vos collègues de la D.S.T. que j'ai eu des ennuis autrefois.

— Terrorisme ?

— Même pas. J'imprimais des tracts pour une organisation clandestine basque.

— Mustang en était ?

— Non, il était plutôt de l'autre côté. Je l'ai même soupçonné de faire partie d'un groupe qui se chargeait de liquider[1] les militants basques.

— Pour le compte de qui ?

— Ça, vous m'en demandez trop ! Il y a des gens qui disent que la police française et la police espagnole sont de mèche[2] avec les tueurs. Vous devez en savoir plus que moi.

— Je ne suis pas au courant et j'aimerais bien en savoir davantage. Dans cet ordre d'idées, Mustang n'avait pas d'autres activités ?

— Quel genre d'activités ?

— Je ne sais pas. L'espionnage, par exemple.

— Vous avez lu trop de romans à quatre sous, Commissaire. Mustang aurait bien aimé se donner des airs de James Bond, mais il n'avait pas la classe.

— Dans ce genre de travail, il n'y a pas besoin de beaucoup de classe pour rendre des services.

---

1. **Liquider :** se débarrasser de quelqu'un en le tuant.
2. **Etre de mèche :** être complice dans une affaire louche.

— Je ne sais pas, Commissaire, je n'ai jamais fréquenté ce milieu. »

A peine Pédoy était-il sorti que Janin reçut un coup de téléphone de Samazeuilh.

« Tu peux passer dans mon bureau ? J'ai quelque chose à te montrer. »

Quand Janin le rejoignit, le chef de la D.S.T. considérait une photographie. Il la tendit à son collègue.

« Tu reconnais quelqu'un là-dedans ? »

Janin examina la photographie.

« Voyons, ça a été pris au téléobjectif, ça. A l'arrière-plan, on distingue quelque chose qui doit être l'aéroport de Mérignac il y a une trentaine d'années.

— Novembre 1956 exactement.

— Novembre 1956 ? C'est l'époque de l'expédition franco-britannique à Suez[1], non ?

—Exactement. Regarde bien le bonhomme qui est au premier plan, sur le bord du trottoir. »

Janin cligna des yeux, puis s'exclama :

« Ah, bien, oui ! Je le reconnais : c'est Brawson.

— Il rentrait de Londres où il était sans doute allé

---

1. **Expédition franco-britannique à Suez** : en 1956, le canal de Suez a été nationalisé par Nasser. Cette nationalisation provoqua un conflit avec Israël, la France et l'Angleterre contre l'Egypte. Les Français et les Anglais engagèrent une action militaire contre le pays de Nasser.

chercher des instructions de ses chefs. Les Anglais étaient nos alliés, mais nos services le surveillaient. Et maintenant, regarde derrière lui ses deux gardes du corps, celui de droite en particulier. Tiens, prends cette loupe. »

Les sourcils froncés, Janin essayait de distinguer les traits de l'homme, rendus flous par l'agrandissement. Samazeuilh lui tendit une photo d'identité judiciaire.

« Entre vingt et cinquante ans, on change, mais il y a des traits qui ne trompent pas. Regarde la courbe du nez, la forme des sourcils...

— Oui, je crois que tu as raison, dit Janin. C'est bien Ducasse. Donc, à cette époque, il travaillait pour Brawson.

— Qui prétend le connaître à peine. Tu ne crois pas que nous pourrions essayer de convaincre ce marchand de vin d'ouvrir un peu plus son robinet[1] ?

— Ce ne sera pas un client facile.

— Je sais, mais il y a des questions auxquelles il faudra bien qu'il réponde.

— Tu crois qu'il travaille encore pour l'Intelligence Service ?

— A vrai dire, non, mais ce ne serait pas la première fois qu'un espion change de patron.

---

1. **Ouvrir un peu plus son robinet** : faire parler Brawson.

— Est-ce que tu crois que c'est lui qui a tué Ducasse ? Espionnage ou non, moi, c'est le côté qui m'intéresse. J'ai un meurtre sur les bras.

— Tel que j'ai connu Brawson, il était parfaitement capable de tuer ou de faire tuer n'importe qui. Mais il s'est bien rangé[1] depuis cette époque.

— Il m'a dit qu'il a quitté les services britanniques à la suite d'une affaire de vins.

— C'est exact. On n'a jamais connu le fin mot de l'histoire. L'affaire a été étouffée. Il y avait trop d'intérêts en jeu. Ce qui est certain, c'est qu'au départ il y a eu une opération politique du gouvernement anglais. On a essayé de faire de Brawson un bouc émissaire[2] et il l'a mal pris. Mais je ne suis pas certain qu'il ait été parfaitement innocent.

— C'était une affaire de fraude sur les vins et, si j'en crois Lassalle, nous sommes en présence d'une autre affaire de fraude sur les vins à laquelle Ducasse était mêlé. La coïncidence est intéressante.

— Peut-être, mais je continue à suivre la piste Guillou[3].

— Tu as trouvé quelque chose ?

1. **Il s'est bien rangé :** il mène une vie régulière.
2. **Un bouc émissaire :** personne que l'on charge des fautes commises par d'autres.
3. **La piste Guillou :** voir P. 10 : L. Guillou est l'ingénieur chargé du projet Minerve qui achetait son vin chez Mustang.

— Rien jusqu'ici. A part son adhésion au Mouvement de la Paix en 1958, ses vacances à Varna en 1983 et son manque de goût en matière de vin de table, il est transparent comme un cristal de roche. Mais je me méfie de la transparence des cristaux : elle déforme les choses.»

Dans l'après-midi, Lemaire revint triomphant de la perquisition chez Ducasse.

« J'ai trouvé une grosse machine à soutirer[1] les bouteilles avec une grande cuve qui était cachée sous le plancher de la cave. Elle fait au moins deux mille litres. J'ai aussi trouvé quelques étiquettes de grands châteaux du genre de celle que Mustang portait sur lui. Et puis surtout, j'ai trouvé ça ! »

Il brandissait une bouteille.

« Qu'est-ce que c'est ?
— Une bouteille de Viredieu 75 avec étiquette et capsule, donc prête à livrer.
— Fais voir. »

Janin examina soigneusement la capsule.

« Hum... le timbre vert des Contributions Indirectes y est et il a l'air authentique. Mais l'étiquette ne l'est pas. »

Il tira de son tiroir la demi-étiquette trouvée sur Ducasse et compara.

---

1. **Soutirer :** faire passer doucement le vin d'un récipient à l'autre pour en éliminer les dépôts.

« Oui, c'est bien du travail de l'imprimerie de Pédoy. Lemaire, convoque-moi Jacques Lassalle pour demain matin et qu'il se fasse accompagner de son maître de chai, Joseph Brieu. »

# V

## Dégustation

Malgré les protestations d'Annie, Janin avait apporté à son bureau trois verres à dégustation de Bordeaux, ce genre d'accessoire étant assez rare dans un Hôtel de Police. Il fit monter un tire-bouchon de la cantine.

Tout était prêt quand Jacques Lassalle arriva, accompagné de Joseph Brieu. Janin les fit asseoir et tendit la bouteille à Lassalle. L'autre l'examina longuement, les sourcils levés.

« C'est, dit-il, une assez grossière imitation, mais elle peut tromper un acheteur étranger non averti.
— Si vous le voulez bien, nous allons l'ouvrir et la goûter. »

Naturellement ce fut Brieu qui se chargea de l'opération. Avec une dextérité[1] qui trahissait une longue habitude, il tira son canif de sa poche, fit sauter le haut de la capsule, puis, d'un mouvement vif et énergique, il enfonça le tire-bouchon et, la bouteille entre les genoux, arracha le bouchon qui céda avec un « ploc ! » caractéristique. Il le porta aussitôt à son nez.

« C'est de la mise en bouteille récente, dit-il : quelques mois tout au plus. Le liège* est de bonne qualité. »

Il tendit le bouchon à Jacques Lassalle qui le renifla à son tour et l'examina.

« Oui, c'est la qualité que nous employons, mais il n'y a pas le timbre du château*. Toutes nos bouteilles le portent sur le bouchon.

— Voulez-vous servir, Brieu, je vous prie ? »

Brieu versa deux doigts de vin dans chaque verre. Lassalle se saisit du sien en le tenant, comme il se doit, par la base du pied. Le tournant vers la fenêtre, il le mira par transparence.

« La robe*, dit-il, n'est pas vilaine. Un peu moins sombre que la nôtre. »

Il plongea son nez dans le verre et huma* longuement.

« Il y a de l'arôme*, avec une pointe de terroir.

---

1. **Dextérité** : habileté.

En tout cas, c'est bien du vin de par chez nous. Ce n'est ni du graves*, ni du médoc*. »

D'un geste lent, il fit tourner le vin dans le verre* et considéra le liquide qui s'écoulait sur la paroi.

« Il manque un peu de liqueur*...

— Et aussi de tanin* », dit Brieu.

Moins expert, Janin, sans attendre, avait déjà bu une gorgée.

« Il n'est pas mauvais du tout, dit-il. Peut-être un peu léger... »

Les deux autres, à leur tour, avaient pris une lampée de vin dans leur bouche. Ils la mâchaient*, la faisaient rouler sur leur langue et leur palais. Puis ils cherchèrent des yeux un endroit où cracher* selon l'habitude des dégustateurs.

« Excusez-moi, dit Janin, je n'ai pas prévu de crachoir. Pour une fois, vous serez obligé d'avaler.

— 1980, dit Lassalle d'un ton définitif. Il n'y a pas à se tromper sur le millésime.

— Je crois que ce n'était pas une très bonne année ?

— C'est une année qui manquait d'alcool et de corps*. Le 1980 était à déguster jeune. Nous n'avons pas commercialisé notre récolte sous notre étiquette cette année-là.

— Et le terroir ?

— C'est certainement un vin de la région de Saint-Emilion. Il a une certaine race*, mais sans

élégance*, sans rondeur*, sans classe*, si vous
voyez ce que je veux dire.

— C'est un vin de palu*, dit Brieu, c'est-à-dire
des terres basses qui bordent la Dordogne. Je dirais
du côté de Vignonet.

— On m'a dit que les maîtres de chai étaient capa-
bles d'identifier la provenance de n'importe quel
vin.*

— On peut toujours essayer, mais on se trompe. »
Janin versa un peu de vin dans le verre de Brieu.
« Essayez. »

Le maître de chai prit une lampée et la
mâchonna longuement.

« Il y a un arrière-goût, dit-il, que je connais... »
Il prit une autre lampée et fit claquer sa langue.

« Je ne sais pas, dit-il, mais ce vin-là, il a la
patte* du vieux Duclas.

— C'est un maître de chai ?

— Non, c'est un petit propriétaire de Vignonet.
Il vinifie lui-même et il écoule son vin sous l'étiquette de Domaine de Faugère.

— Il l'écoule à quel prix ?

— Oh, dit Lassalle, cela dépend des années, mais
ce vin-ci, il a dû le vendre entre quatre mille cinq
cents et cinq mille francs l'hectolitre. »

Janin fit un rapide calcul.

« C'est-à-dire trente-cinq à quarante francs la
bouteille, soit dix fois moins que votre vin, M. Las-

salle. Sur 96 fois 12 bouteilles, cela fait un joli bénéfice. »

Quand les deux vignerons furent partis, Janin convoqua Lemaire.

« Votre prise était bonne, lui dit-il. Maintenant, j'ai une idée assez claire sur l'origine du vin que Ducasse faisait passer pour du Viredieu. Reste à savoir où il est allé. Vous allez prendre contact avec le service des douanes et éplucher[1] tous les envois de vin qui sont partis de Bordeaux au cours des dernières semaines soit par bateau, soit par l'avion-cargo de New York.

— Mais, patron, on embarque des quantités de vin chaque jour à Bordeaux ! Ça va faire des liasses et des liasses de papier !

— Vous retardez, Lemaire. Les douanes sont informatisées. Tout ce que vous aurez à faire, c'est à repérer un envoi de 96 caisses de Viredieu. Vous pouvez aussi voir si vous trouvez le nom de Ducasse parmi les expéditeurs. Je vous donne jusqu'à lundi. »

Le dimanche suivant, les Janin retournèrent déjeuner chez Bruno. Leurs enfants ne les avaient pas accompagnés et ils arrivèrent assez tôt pour que Bruno et Janin aient le temps d'aller tirer un lièvre ou deux dans les vignes entre la messe et le repas.

---

1. **Eplucher :** lire attentivement toutes les pièces comptables.

Comme ils retournaient vers le presbytère, la gibecière[1] bien garnie, Janin demanda à Bruno :

« Tu connais un nommé Duclas, de Vignonet ?

— Celui du Domaine de Faugère ? Tu parles, si je le connais ! C'est le plus mauvais coucheur[2] de la région, mais c'est un bon vigneron.

— Tu ne pourrais pas m'accompagner chez lui cet après-midi ?

— Si, mais je ne te garantis pas que ma présence te soit d'un grand secours. Il déteste les curés.

— Tu n'as pas l'air d'un curé.

— J'espère que c'est un éloge. »

Duclas était un vieux bonhomme à la peau tannée et à l'œil soupçonneux.

« Oh, curé ! cria-t-il quand il vit Bruno. Tu m'apportes de l'eau bénite ? Tu sais bien que je ne bois que du vin !

— Non, vieux brigand, je t'amène un visiteur. C'était un ami de mon père.

— Il était curé, lui aussi ?

— Non, il est commissaire de police.

— Oh, funérailles ! L'alliance des curés avec les flics, il fallait s'y attendre !

— Ne vous en faites pas, M. Duclas, dit Janin, ce n'est pas comme commissaire que je viens vous

1. **Gibecière** : sac utilisé par les chasseurs.
2. **Le plus mauvais coucheur** : homme qui a un caractère très difficile.

voir, mais comme amateur de vins. Récemment, je crois que j'ai goûté de votre 80. Je voudrais m'assurer que je ne me suis pas trompé.

— Mon 80 ? Il était meilleur que beaucoup d'autres ! Vous voulez en goûter ? Je ne sais pas s'il m'en reste. J'en ai peut-être une bouteille ou deux au fond du chai. Venez ! »

C'était un chai à l'ancienne, avec de grandes cuves de bois et des rangées de barriques qui fleuraient bon la vendange. Au passage, Duclas en tapota une au passage.

« C'est le 85 qui mûrit. Ça sera du bon ! »

Il y avait beaucoup plus d'une bouteille ou deux dans le ratelier qui était au fond du chai. Duclas en saisit une. Elle ne portait pas d'étiquette.

« Je ne fais pas l'embouteillage moi-même. Je vends en vrac* aux négociants. »

Dans la pénombre du chai, Janin huma le vin, puis le goûta. Ce n'était pas un expert, mais il était assez connaisseur pour reconnaître un bouquet analogue à celui de la bouteille qu'il avait dégustée avec Jacques Lassalle.

« Et ce 80, demanda-t-il, à quel négociant l'avez-vous vendu ?

— Oh, j'ai plusieurs clients, mais le 80, c'est le même qui a tout emporté !

— Qui est-ce ?

— Vous connaissez sans doute : la maison Brawson. »

Janin ne fut qu'à demi surpris, mais il faillit lâcher son verre. En retournant vers le presbytère, il dit à Bruno :

« C'est un peu comme les pièces d'un puzzle qui se mettent en place : quand on trouve la pièce qui s'emboîte exactement dans l'espace vacant, on s'y attend, mais ça étonne toujours. C'est presque trop beau. »

Le lundi matin, Lemaire attendait Janin à son bureau.

« Patron, dit-il, je crois que je tiens quelque chose. Il y a dix jours, Ducasse a dédouané un chargement de 96 caisses de vin pour embarquement sur le *Xénophon*. C'est un cargo grec.

— Il a appareillé ?

— Non, il est encore à quai à Bacalan. Il doit partir demain à destination de New York.

— Vous êtes allé y faire un tour ?

— Oui, j'ai prétexté d'une promenade dominicale hier après-midi avec mes enfants pour aller traîner autour du cargo. Le capitaine m'a même invité à monter à bord. C'est un homme très affable. Il s'appelle Hippias Krakatès. Il m'a même fait boire de l'ouzo. Naturellement, je n'ai pas dit que j'étais de la police. »

Janin saisit son téléphone.

« Passez-moi les Douanes... l'inspecteur-chef Mureine... »

En attendant sa communication, il leva les yeux vers Lemaire.

« Vous avez bien travaillé, dit-il. Maintenant, laissez tomber[1] le *Xénophon*. Je m'en occupe. Vous allez discrètement surveiller M. Lionel Brawson. Soyez prêt à me l'amener dès que je vous ferai signe. »

Il y eut un cliquetis dans le téléphone et Janin prit la communication.

« Allo, Mureine ? J'aurais besoin de votre aide. Il me faudrait faire une vérification discrète à bord du *Xénophon,* un cargo grec qui est actuellement à quai à Bacalan. Pourriez-vous organiser quelque chose comme un contrôle de routine ? Je me joindrai à vos hommes afin de ne pas attirer l'attention... Bien... merci... Quand ?... Cet après-midi à quinze heures ? D'accord. »

Il appela ensuite Samazeuilh.

« J'ai quelque chose d'intéressant à te montrer. Tu es libre cet après-midi ?... Bien, je passe te prendre à quatorze heures trente... Non, on ne va pas loin... »

Le capitaine Hippias Krakatès était un petit bonhomme barbichu, souriant et disert. Il ne parut pas autrement surpris par la visite des douaniers.

---

1. **Laisser tomber :** ne plus s'occuper de quelque chose ou de quelqu'un.

« Mon navire vous est entièrement ouvert, messieurs, dit-il. Nous n'avons rien à cacher.

— Vous avez embarqué uniquement du vin à Bordeaux ? demanda le brigadier des douanes en feuilletant ses papiers.

— Et qu'est-ce qu'il y a de meilleur que le vin à Bordeaux ?

— Où est-il ?

— Dans la deuxième cale. Par ici, messieurs, je vais vous montrer le chemin. »

A la maigre lueur d'une lampe, Janin vit des piles de caisses alignées et arrimées par des filins. Sur chacune d'entre elles, une inscription au pochoir en indiquait le contenu. Il lui fallut un moment pour découvrir le nom de Viredieu sur un lot de quatre piles. Il fit un signe discret au brigadier des douanes.

« Je voudrais ouvrir une de ces caisses, dit le brigadier.

— Certainement, monsieur, répondit le capitaine. Je vais faire apporter un marteau et un pied de biche[1]. »

Le couvercle de la caisse céda facilement, révélant une couche de six bouteilles soigneusement rangées à l'intérieur de leurs enveloppes protectrices. Janin en saisit une, la dégagea de son étui de

---

1. **Marteau / pied de biche :** outils.

carton et regarda l'étiquette. C'était une de celles qui avaient été imprimées par Pédoy.

« Capitaine, dit-il, que diriez-vous d'un verre de bordeaux pour vous changer de l'ouzo ? »

Les sourcils froncés, le capitaine Krakatès considérait les caisses, comme frappé par un vague souvenir. Dans sa cabine, comme il débouchait la bouteille, il dit :

« Je me souviens de l'homme qui a livré ces caisses.

— La cinquantaine, demanda Janin, des cheveux gris et des airs d'ancien boxeur ?

— C'est ça, c'est ça ! Il est venu prendre l'ouzo ici dans ma cabine et il en a pris un peu trop. »

Il emplit les verres. Janin regarda le vin par transparence, puis Samazeuilh et lui prirent une gorgée.

« Je ne suis pas particulièrement connaisseur, dit Samazeuilh, mais pour du Viredieu, ce vin me paraît un peu léger.

— Ce n'est pas du Viredieu, dit Janin. C'est du Domaine de Faugère 1980. Un petit vin, pas mauvais, mais pas un grand cru. »

Il se tourna vers les douaniers.

« Messieurs, dit-il, l'affaire de fraude vous regarde. Moi, j'ai encore un cadavre sur les bras. »

Tout en sirotant son vin, le capitaine Krakatès marmonnait dans son coin.

« J'aurai dû me méfier. Qui a été tué ?

— L'homme qui vous a livré ce vin.

— Il parlait trop. Quand il en a été au cinquième
verre d'ouzo, il m'a expliqué qu'il mettait le vin en
bouteille pour le compte d'une personne très riche
et qu'on ne le payait pas assez pour ce travail. Il
disait que ça allait changer, sans quoi il irait tout
dire à la police. Je lui ai demandé ce qu'il irait dire
à la police, mais il ne m'a pas répondu. Il a cligné
de l'œil et il m'a dit qu'il serait bientôt aussi riche
que celui qui l'employait.

— Je vois, dit Janin. Vous avez le téléphone,
capitaine ?

— Là, dans le coin. »

Janin prit le récepteur et forma le numéro de
l'Hôtel de Police.

« Ici le commissaire central. Appelez-moi la voiture de Lemaire... Allo, Lemaire ? Où êtes-vous ?...
Devant chez Brawson ? Il est là ?... Bien. Allez son-
ner à sa porte et amenez-le-moi dare-dare[1] au
*Xénophon.* »

---

1. **Dare-dare** : rapidement.

# VI

## L'aveu

En attendant Brawson, Samazeuilh téléphona à son bureau pour savoir où en était l'enquête. Quand il raccrocha, il était rayonnant.

« Enfin on avance ! dit-il. Nous venons de recevoir un télex de Paris : le nom de Ducasse a été repéré dans le dossier d'une filière d'espionnage de Coréens et de Japonais qui a été démantelée le mois dernier !

— Et Brawson ?

— Rien sur lui, mais le lien est facile à établir. »

Quand le négociant entra dans la cabine du capitaine, étroitement surveillé par Lemaire, il était imperturbable. Son œil aigu et froid fixa immédiatement la bouteille ouverte sur la table.

« Je vois, messieurs, dit-il, que vous avez découvert ma petite supercherie[1]. Bien. J'en serai quitte
pour une forte amende. J'imagine que le Comité
interprofessionnel des vins de Bordeaux ne dési-
rera pas trop ébruiter l'affaire qui pourrait porter
tort à la réputation de ses produits.

— Il ne s'agit pas de vin, dit Samazeuilh, mais
d'espionnage. Avouez que Ducasse travaillait pour
vous.

— D'espionnage ?... oui, peut-être en un sens... »
Son regard alla chercher celui de Janin.

« Qu'en pensez-vous, Commissaire ?

— D'espionnage, M. Brawson, et de meurtre.
N'oubliez pas que Ducasse a été tué.

— Oh oui, bien sûr. C'est moi qui l'ai tué, naturellement. »

Il s'avança et se versa un demi-verre de vin qu'il
dégusta pensivement.

« Mmm... très agréable... Avouez que si je trom-
pais mes clients, je leur donnais tout de même de
la qualité. M. Duclas est un excellent vigneron.
Vous permettez ? »

Il s'assit sur l'unique chaise de la cabine, puis
se tourna vers Samazeuilh.

« De l'espionnage, il y en a dans cette affaire,
M. le Commissaire, mais pas du genre que vous
croyez. C'est bien à tort que vous avez inquiété

---

1. **Supercherie :** tromperie.

M. Guillou. Il n'a rien à se reprocher qu'un goût détestable pour les vins, et les fusées stratégiques n'ont rien à voir avec notre histoire. Il s'agit d'espionnage industriel.

— Industriel ?

— Oui. Vous connaissez les établissements Mengaux, de Mérignac ?

— C'est une petite entreprise d'électronique, je crois ?

— Oui, ils sont en train de mettre au point un procédé tout à fait révolutionnaire pour faire vieillir les vins plus rapidement et plus sûrement que la nature ne le permet. Très peu de gens sont au courant. Si je le suis, c'est que je connais le père Mengaud et que, dans le genre de... négoce que je pratique, un pareil procédé est particulièrement intéressant. Ducasse qui trouvait que l'argent que je lui versais ne lui suffisait pas, s'est mis en tête de vendre le secret à une organisation d'espionnage industriel. De notre époque... héroïque, il avait gardé des relations dans ce milieu avec lequel j'ai totalement rompu. Et comme il n'avait pas accès aux dossiers confidentiels de la maison Mengaud, il a pensé que je pouvais m'en charger.

— Et vous avez accepté ? demanda Samazeuilh.

— Non, bien sûr. Et c'est là que les choses se sont gâtées. Ducasse qui n'avait pas beaucoup de jugeote, m'a menacé de me dénoncer au service des fraudes si je ne lui obéissais pas. C'est toujours une erreur de menacer un homme qui a fait mon ancien métier. Je savais qu'il comptait écrire une lettre anonyme aux Douanes pour faire saisir la cargaison du *Xénophon* si je ne m'inclinais pas avant le 17 décembre. Il était à moitié saoul quand il est descendu du navire. Il faisait nuit, les docks étaient déserts. Ça n'a pas été très difficile. Et je dois dire que je ne regrette rien. J'ai particulièrement horreur de ce genre de personnage. »

Toujours digne et imperturbable, Brawson s'en fut, menottes aux poignets, accompagné de Lemaire. Samazeuilh et Janin terminèrent la bouteille en compagnie du capitaine Krakatès.

Quelques jours plus tard, pour Noël, Samazeuilh et Janin eurent la surprise de recevoir chacun deux caisses de douze bouteilles de Viredieu, une de 75 et une de 79.

Jacques Lassalle eut même la délicatesse d'envoyer une caisse de six bouteilles de 79 à M. Guillou, ce qui était un peu donner des perles aux cochons[1].

L'année suivante, au cours de deux procès distincts, Lionel Brawson fut condamné à cinq cent mille francs d'amende pour sa fraude et à cinq ans de prison pour le meurtre de Théo Ducasse.

---

1. **Donner des perles aux cochons** : donner quelque chose d'excellente qualité à quelqu'un qui n'est pas capable d'apprécier. L. Guillou n'est pas un connaisseur en vins, incapable de faire la différence entre un grand cru de Bordeaux et un petit vin de Corbières.

## GLOSSAIRE

des termes concernant le vin contenus dans le livre.

*La numérotation des pages correspond à la première apparition du terme dans l'ouvrage.*

P. 5   **Cru** : dans le Bordelais, le cru désigne un domaine, un château. Chaque cru a ses caractéristiques particulières. Un cru bourgeois est un bon vin, mais n'est pas un grand cru.

P. 5   **Pomerol** : Château Petrus, La Fleur.

P. 8   **Un chai** : lieu où sont gardés les vins.

P. 8   **Du Corbières** : le vin de Corbières est produit dans la région Languedoc-Roussillon : il ne peut se comparer à un bordeaux ce qui explique la réaction de Samazeuilh. Les vins de Corbières n'avaient pas très bonne réputation, mais ils se sont améliorés.

P. 8   **Vin du pays** : les vins ainsi dénommés ne sont pas de très grands vins. Ils se consomment dans la région où ils sont produits. Vin de la région (ici la région bordelaise).

P. 18   **Les Chartrons** : quartier résidentiel de Bordeaux où habitent des propriétaires de vignobles ou des négociants en vins comme Brawson.

P. 21   **Vin de pays** : vin de table avec indication de l'origine. Ces vins doivent provenir de cépages recommandés. Leur appellation est soumise à réglementation. Ce sont des vins de troisième catégorie, la dernière étant le vin de table sans aucune indication d'origine.

P. 25   **Millésimes** : l'étiquette sur une bouteille de vin indique le millésime, c'est-à-dire l'année de la vendange. Les grands millésimes du bordelais, pour le rouge, sont : 73, 78, 79, 82, 83. 1980 n'est pas un grand millésime, c'est une petite année. Par manque de soleil, le vin n'a pas assez d'alcool, donc pas beaucoup de corps.

P. 25   **Oenologie** : science qui étudie la fabrication et la conservation des vins.

P. 28 **Le 85** : vin de l'année 1985.

P. 28 **Charpenté** : les dégustateurs décrivent les sensations que procure le vin. Un vin charpenté a une saveur accentuée, il est équilibré dans le goût. Par opposition, on parle d'un vin qui est tendre.

P. 28 **Corsé** : goût relevé, riche en alcool.

P. 28 **Le moût** : le jus de raisin qui vient d'être pressé, mais qui n'a pas encore fermenté.

P. 28 **Acheter du vin en primeur** : en général, le vin primeur se vend vers le 15 novembre après la vendange et est livré au bout de deux ou trois ans.

P. 30 **Bouquet** : on distingue le vin par son bouquet, c'est-à-dire son parfum. Ici, c'est l'odorat du dégustateur qui permet de définir le vin.

P. 30 **Velouté** : douceur du vin au palais et sur la langue.

P. 46 **Bouchon de liège avec le timbre du château** : Un bon vin, mis en bouteille, doit avoir un bouchon d'excellente qualité, en liège naturel. Sur le bouchon, apparaissent les caractéristiques du château où il a été produit.

P. 46 **Robe** : la couleur ; plus l'année a été ensoleillée, plus la robe est sombre ; le vin a alors une belle robe ; si l'année a été pluvieuse, le vin est plus léger et possède une robe pâle.

P. 46 **Humer** : avant de porter le vin à la bouche, le dégustateur le sent, le renifle, en aspire le bouquet.

P. 46 **Arôme** : le bouquet, le parfum. L'arôme dépendra du terroir, de la vinification.

P. 47 **Graves** : Bordeaux rouge, une région de grands crus (château Haut Brion).

P. 47 **Médoc** : aussi de grands crus : Château Margaux, château Lafite-Rothschild.

P. 47 **Tourner le vin dans son verre** : quand on déguste un vin, on ne le boit pas tout de suite, on regarde le vin, on le fait tourner dans le verre.

P. 47 **Liqueur** : l'alcool et le sucre donnent la liqueur au vin.

P. 47 **Tanin** : substance végétale que l'on trouve dans les pépins du raisin, dans les « rafles » : bois de la grappe sur lequel se trouvent les grains. Le tanin est aussi contenu dans le bois de chêne dont sont faits certains fûts. Le tanin est nécessaire à la durée du vin.

P. 47 **Mâcher** : garder le vin dans sa bouche, le triturer, le rouler.

P. 47 **Cracher** : ne pas avaler le vin, mais le rejeter.

P. 47 **Corps** : on accorde plusieurs significations à ce mot : le corps peut être l'alcool que le vin contient ou l'alcool plus le tanin. Le corps exprime une idée de plénitude : un vin qui a du corps remplit bien la bouche.

P. 48 **Rondeur** : dans la dégustation, le vin est perçu ayant une forme sphérique, il est rond, c'est-à-dire plein et équilibré.

P. 48 **Race, élégance, classe** : si le vin provient d'un grand terroir, on le définit comme on le ferait d'une personne. Si c'est un petit vin, il est sans race, sans classe.

P. 48 **Vin de palu** : vin provenant de terres marécageuses comme celles qui bordent la Dordogne.

P. 48 **Identifier la provenance d'un vin** : En dégustant un vin, les spécialistes peuvent indiquer le terroir d'où il provient, le vigneron ou le vinificateur qui s'en est occupé et l'année de la vendange.

P. 48 **Il a la patte de...** : chaque viticulteur produit un vin reconnaissable. Deux vins peuvent provenir de la même région et être différents. Un vigneron signe son vin ; on dit qu'on peut reconnaître le caractère d'un vigneron dans son vin.

P. 51 **En vrac** : le vin peut être commercialisé en bouteilles étiquetées ou au contraire en une certaine quantité de litres, d'hectolitres.

# Table

IMPRIMÉ EN FRANCE PAR BRODARD ET TAUPIN
6079-5 - Usine de La Flèche (Sarthe), le 14-05-1987.
Dépôt légal n° 3900.5.1987 - Collection n° 05 - Edition n° 01
15/4718/1